흐린내 연가

시하늘시인선
09

흐린내 연가

●

곽호영 시집

그루

시인의 말

워낙 부족한 사람인지라
유명한 시인이 되는 것은
바라지도 않았다.

그냥, 경력란에
등단 시인이라는 한 줄만 있으면
만족하다고 생각했다.

바람대로 이루어졌고
두 번째 시집까지 낼 수 있어
그나마 다행인데

시끄러운 세상에
소음 하나 더하는 게 아닐까 염려스럽다.

2024년 늦봄
곽호영

차례

2부 횡재했다

3부 주름 울타리

4부 금산재 풍문

1부

흐린내 연가

청춘

세상 모든 시선을 빨아들이던
곱디고운 단풍이
하룻밤 찬 서리에 메말라
지나가는 바람결에도 바스락거린다.

부지불식간 일어난 일이다.

사랑이 그렇더라.

청춘이 그렇더라.

다행이다

동틀 무렵
바람 한 점 없는 계곡지
까딱까딱
미세한 신호를 보내던 찌가
쑤욱
하늘로 솟구친다.

재빠르게 챔질하니
피이잉, 소리를 내며
초릿대가 물속으로 쿡쿡 처박힌다.

벌떡 일어나 낚싯대를 곧추세워 보지만
강하게 저항하는 녀석의 힘이 만만치가 않다

짜릿한 손맛과 희열을 만끽하는데
뜬금없이 치솟는 측은지심

팽팽하던 낚싯줄이 툭 하고 터진 순간

무심결에 튀어나온 말

휴!
다행이다.

섬

산허리를 둘러싼
구름바다가
산꼭대기를 섬으로 만들었다.

갯벌이 된 도로에
자동차들이 헤엄치고
여가 된 건물 사이로
사람들이 꼬물댄다.

강물 속 물고기
구름 속을 헤엄치고
무지개다리 위로
아침 해가 떠오른다.

부처님 미소

화개장터 안
티브이에 맛집으로 소개된 식당
산나물이랑 밑반찬이 정갈하고
재첩국과 비빔밥이 아주 맛있다.

손님으로 한창 붐빌 점심시간인데
넓은 홀에 사람이라곤 우리뿐이다.

코로나19가 초래한 슬픈 상황이지만
인상 좋은 주인 내외는
그저 싱글벙글.

화엄사 대웅전에서 본
부처님과 보살이
여기 계신다.

청암사 곶감

늦가을
청암사에 들렀다.

산사 앞마당
주렁주렁 매달린 감들은
하늘바다에 박힌
산호초 군락지

지장전 툇마루에
젊은 비구니 셋이
감 보석을 꿰어
서까래에 매달면서
까르르 웃고 있다.

푸른 하늘
고운 단풍
참 영혼을 가진 스님들

불국정토 청암사에

따스한 가을볕이 저문다.

불일암 후박나무

대나무 동굴 속
꼭꼭 숨겨진 정토
스님은
한줄기 깨달음으로
길을 터놓고
생전에 좋아한 후박나무 아래
잠들어 계신다.

불일암 디딤돌 위
가지런히 놓인 고무신 한 켤레
깨달음을 얻으려고
수행 중인 후배 스님
스님 덕분에 유명해진 나무 의자가
투박한 모습으로
스님을 독려하신다.

편백나무 사이로
사람들 오가고

후박나무 가지에
화두 하나 걸려 있다.

소리길

가을이 끝자락인 11월
친구와 함께 간
해인사 소리길

새소리
바람 소리
물소리가 조화로운 이 길이

낙엽 밟는 소리
사람 소리가 더해져
소란스럽다

길을 비켜
산중턱에 자리한 길상암
적멸보궁,
등신불

대금 부는 스님은

새소리
물소리
바람 소리를 듣고 만 계신다.

우리를
본체만체하신다.

숙수사지, 당간지주

소수서원 입구
건장한 소나무들 우뚝 서 있고
오백 년 된 은행나무 한 쌍
한결같은 마음으로
서로를 바라본다.

숙수사 마당에
당을 내걸던 돌기둥
소수서원 입구에
덩그러니 서 있는데
관광객들은
무심히 지나친다.

소수서원으로 바뀌면서
방치된 숙수사 당간지주
존재마저 잊히고
애물단지 되었지만

이곳의 원래 주인이었기에
지금은 보물이 되어
숙수사를 지키고 있다.

기도

스테인드글라스를 통과한
영롱한 햇살이
성당 벽을 색칠한다.
십자가에 못 박힌 예수님
아무 말씀 없으시고
성모 마리아님
두 손 모으고 기도만 하신다.
성경을 받쳐 든 사도 요한
뜻 모를 표정으로
먼 곳을 응시하는데
미사포를 쓴 사람들
간절하게 기도한다.
(저희에게 잘못한 이를
저희가 용서하오니 저희
죄를 용서하여 주시고
저희를 유혹에 빠지지 않게 하시고
악에서 구하소서!)
수백 수천 번 되풀이해서 기도하지만

사소한 일 하나 포용하지 못하고
날마다 마음을 다잡아보지만
티끌 같은 유혹에도 마음이 흔들린다.

하나님!
당신의 나라는 언제쯤 임하시나이까?

이기대에 부는 바람

해파랑길의 첫 번째 코스
이기대 둘레길

신이 난 바람들
윙윙거리면서 날뛰고 있다.

기세에 눌린 풀잎들
납작 엎드려 눈치만 보고 있고
멀리서 밀려온 파도도
바위 품으로 파고드는데
부딪힌 물방울이
하늘로 솟구친다.

전망대 위
신바람 난 사람들
파도의 물방울이 날아와도
환하게 웃고 있다.

냉담자*

어차피
일방적인 싸움이었다.

그들은 무리였고
나는 혼자였다
혼자 감당하기엔
그들은 너무 강했다.

중심을 잡아 보려
안간힘을 써 봤지만
넘어지고 자빠지고
상처투성이가 되었다.

근원적인 물음에는
답을 안 하고 그들은,
믿어라,
무리 속으로 들어오라,
닥달만 한다.

* 천주교에서 쉬는 교우를 일컬음.

흐린내* 연가

돌담 담벼락에
햇볕이 내리쬐면
하나둘 모여들던 불알친구들
경수, 장수, 곰이…

연날리기하던 우영이는
연줄 끊어지듯 하늘로 날아갔고
썰매 잘 지치던 영구는
먼 산 흙으로 스몄다.

잃어버린 하천에
씁쓸한 추억이 흐르고
무너질 성벽 같은 아파트에
매운바람 몰아친다.

＊대구광역시 달서구 유천동의 옛 지명

물아일체

도배사의 손길이 닿자
빳빳하던 벽지가
부드러워지기 시작한다.

잘 길들어진 벽지는
도배사의 손이 움직이는 대로
방, 주방, 거실에
깔끔하게 안착한다.

수십 년 전
굳은 얼굴로
가게에 들렀던 박 씨

풀 먹은 벽지와 물아일체가 되어
능숙한 솔질을 하면서
풍진세상,
부드럽게 견디고 있다.

낯선 고향

사람들을 유혹하는 달콤한 자본
미끼인 줄도 모르고 덥석 물었다.

우린 그렇게
고향을 외면해 버렸다.

자치기하던 진구 형 배꼽마당
술래잡기하던 마을회관 앞 버드나무
소비조합, 이발소, 방앗간…

기억은 점점 더 희미해지고
우뚝 선 고층 아파트엔
낯선 사람들 득실거리는데

추억 가득한 둑길
깔끔하게 단장한 개울물 속에
머리칼 희끗한 사내 하나
무심하게

날

바라본다.

둥지

오래 방치된 빈집

국수 공장에서
기숙사로 쓰려고
집수리를 의뢰하기에
현관문을 열어 보니

주방 한구석에
날개를 오므린 채 죽어 있는
새 두 마리

전에 살던 사람이
새들이 들어온 줄 모르고
문을 잠그고 이사를 했나 보다

먼 곳에서 온
외국인 노동자 부부
이 집을 수리해서

보금자리를 꾸민다는데

이젠 빈 둥지가 훈훈한 온기로 넘치기를
무탈하게 잘 사시기를
금의환향하시기를

맨드라미꽃

시인을 추모하는 곳은
무엇이 달라도 다르다
충북 보은에 있는 오장환 시인 생가
전시장 안은
반세기가 지났지만
시간의 공백도
사상의 차이도 없다.
시인의 고뇌와
아름다운 속삭임만
은밀히 전해질 뿐이다.

시인이 살았던 곳은
무엇이 달라도 다르다
잘 정돈된 잔디와 디딤돌
여유로움으로 얼기설기 엮은 사립문
친숙한 돌담
그 돌담 위에 매달린 앙증맞은 표주박
온 동네 담벼락은

시와 그림으로 꾸며진
거대한 전시장이다.

시인이 드나드는 주차장은
무엇이 달라도 다르다
벌어진 시멘트 벽돌 사이로
맨드라미꽃 하나
꼿꼿하게 피어 손님을 맞이하고 있다.

산업화의 역군

어둠이 내리고
한두 순배 술이 돌면서 취기가 오르자
버스 안이 술렁거리기 시작한다.

이런 분위기가 익숙한 관광버스 기사님이
7080 노래를 틀어준다.
초등학교 동기생인 우리는
어깨를 들썩이며 따라 부르고
흥이 많은 몇몇이 자리에서 일어나
엉덩이를 흔들며 춤을 춘다.

버스 안은 점점 아수라장이 되어 가고
대한민국 경제는 우리가 일으켰다고
고래고래 고함치는 한 친구의 절규에
우리는 그저 고개만 끄덕일 뿐

꼰대로 치부되는
지난날 산업화의 역군들

지금은 쉴 곳조차 마땅찮다.

속수무책

우리만의 리그에서
그는 금수저다
좋은 집안
좋은 학교
좋은 직장을 거쳤다.

퇴임 후
경비원이 된
그의 용기에 갈채를 보냈는데

느닷없이 들이닥친 뇌출혈

오늘, 초췌한 모습으로 나타난 그

세월은
블랙홀처럼
모든 것을 집어삼키는데

우린 그저
속수무책이다.

몽상

따뜻한 가을 햇살
깨끗한 바람이 머무는 한낮
단풍나무 사이로
어지러이 오가는 잠자리 떼

지워진 거라고
잊힌 거라고
생각하며 살았는데

별 추억도 없으면서
잠자리처럼 머릿속을 맴도는 사람
훠이, 훠이
손을 저어 기억을 좇아낸다.

눈빛

날 외면하던

무심한 눈빛

그에 대한

내 기억의 전부다.

2부

횡재했다

봄밤

사월 늦은 밤
TV를 함께 보던 아내가
곤하게 먼저 잠이 들었는데
그 모습이 무척 평안해 보인다.

잠든 아내 모습을 한참이나 바라보다
잠시 마당으로 나와 보니
봄밤,
모과나무 가지에 모과꽃이
하늘엔 별꽃이 환하게 피어 있다.

코끝에 전해 오는 라일락 꽃향기에 취해
혼자 응얼대는 말
곤궁함 속에서도
날 응원해 준 당신, 고맙습니다.
지금, 이 시간을 선물해 준
저 별꽃과 그윽한 꽃향기마저도
감사한 하루입니다.

횡재했다

서문시장 어귀
새한다방
어둑한 조명 아래
보라색 코트를 입고
쭈뼛거리던 여인

그녀를 만나기 전
항상 궁금했었다.

내 반쪽은
어떤 사람일까?

부모님과 함께 살아야 하니까
성격은 밝아야 하는데

계란형 얼굴에
몸매는 좀 날씬했으면…

나는 지금
그녀와 살고 있다.

사랑 나무, 연리근

해남 대흥사 경내
오백여 년 된 느티나무 두 그루
왼쪽은 음
오른쪽은 양의 형상으로
뿌리를 하나로 엮은 채
하늘을 향해 뻗어 있다

사랑 나무, 연리근

지극한 마음으로 기도하면
사랑이 이루어지고
소망을 성취할 수 있다기에
대웅보전만큼이나
대중들의 발길이 잦은 곳

연리근 앞에서
두 손을 꼭 모으고
무언가를 기원하는 아내

그 손 위에
살며시 포개어 보는
나의 두 손

해탈

오늘 밤에 비가 올지도 모르니
자전거를 창고에 넣어 두라 하기에
그렇게 하고

손 씻고 저녁 먹고 나니
일곱 시가 넘었다.
재미있게 프로 야구 중계를 보는데
연속극을 보자고 해서
또 그렇게 하고

채널을 살짝살짝 돌려가며
연속극도 보고
야구 중계도 보았다.

요즘은
아내랑 다툴 일이 별로 없다.

방충망

지긋지긋한 열대야

자정 무렵
선풍기 바람으로도 잠들 수 있을 것 같아
에어컨을 끄고 창문을 열었다.
“애애—앵”
단잠을 깨우는 모깃소리
눈 비비며 일어나 보니
맙소사!
방충망이 열려 있다.

매사에 신중하지 못하다고
아내는 한숨만 쉬고
나는 자책하고.

나무라는 아내 무릎에
얼굴을 묻는다.

철부지 남편

출근길에 당신에게 한 말 때문에
하루 종일 신경이 쓰입니다.
별것 아니라고
내 소심한 성격 탓이라고
합리화시켜 보지만
어찌합니까
자꾸만 신경이 쓰이는 걸.

정말 의미 없이 내뱉은 말이었는데
순간적으로 흔들리는
당신의 눈빛을 바라보는 순간
아차! 싶었습니다.
생각 없이 내뱉은 말이었지만
당신에게 상처가 될 수 있겠다 싶어서
일이 손에 잡히지 않았습니다.

나로 인해, 당신이
더이상

마음 아픈 일이 없었으면 좋겠는데.

무심한 나는
아직도
당신에게 철부지 남편입니다.

생일상

미역국과 함께
밥상에 올라온 굴비
윤기 자르르 흐르는
하얀 쌀밥

그동안
건강식이라는 미명하에
금기시하던 아침밥

사과 몇 조각
바나나 한 개
야쿠르트 유산균에 익숙한
아침상

오늘 같은 호사는
누릴 날이 적겠지만
오랜만에 느껴 보는 포만감
부자가 된 것 같다

오늘은

내 생일이다

화해

한밤중
잠자는 그녀 손을
살며시 잡아 본다

따뜻하게 전해지는 그녀의 온기

알 수 없는 안타까움에
울컥,
서러움이 북받치는데

향기로운 장미 한 송이 전해 주듯
내 손을 꼬옥 잡아 주는 그녀

아내도
잠을 이루지 못한 모양이다

물침대

하루가 마감되는 늦저녁
아내와 함께
강둑을 걷는다

서늘한 바람결에
일렁이는 물결이
스프링 같다
푹신한 침대 스프링 같다

가지런히 정돈된
노을빛 이불과 침대보
에로틱한 가로등

당장이라도 몸을 던져
당신과 함께
강물 위에서 뒹굴고 싶다.

월급봉투

월급날
누런 봉투에 담긴
한 달 치 돈다발
봉투째로 아버지께 드리면
아버진
모호한 표정을 지으셨는데
자식이 번 돈이라
안쓰러움과
고마움이 겹쳐 그러셨으리라.

논농사를 짓고 있었지만
비료값, 농약값,
생활비가 만만치 않았는데
내가 버는 돈이
궁핍한 살림에
꽤 보탬이 되는 것 같아
나는 좋았지만
아내에게는

한없이 미안했다

아버지 떠나신 지 여러 해
이제는
봉투 가득 돈을 넣어
드릴 수 있건마는

감나무에게 미안하다

고령 오일장에서
감나무 묘목을 사다 마당가에 심었다
이 년이 지난 후
스무 개 정도의 감이 열렸다

좀 더 많은 감을
수확하고 싶은 욕심에
비료를 듬뿍 주었더니
비료독이 올라 감나무가 말라 죽었다

세파에 맞서 꿋꿋하게 살아가는 아이들에게
간섭은 하지 말고
지켜 보면서
응원만

엄마 미소

화사한 벚꽃 위에
살포시
내려앉은 햇살

수줍어
얼굴 붉히는 벚꽃이
예뻐 죽겠다는 듯
요리 보고 조리 보며
방긋이 웃는다.

나를 바라보시던
우리
엄
마
처
럼
.
.
.

어찌할거나

도심을 밝히는 네온사인
하나둘 꺼지고
피곤한 가로등
지친 불빛 아래
한 사내
비틀거리며 거리를 헤맨다.

술에 취한 아버지를 부축해
집으로 오는 길
까까머리 중학생
입술 꼭 깨물고 다짐했다.

술 같은 건 평생 마시지 않겠다고
아버지가 원망스럽고
술을 파는 구멍가게 아저씨는 더 미웠다.
가게에 있는 술병을
모조리 부숴버리고 싶었다.

아직도 아버지를 등에 업고
밤거리를 방황하는 사내
어찌할거나
어찌할거나

사부곡 3

문풍지와 한지로 감당하기엔
겨울바람이 너무나 매서웠다.

새벽녘,
아버지 슬그머니 나가시면
아궁이에 불이 지펴지고
방 안에 훈기가 번지고

윗목 걸레는 꽁꽁 얼었지만
구들목에 누운 우리는
언제나 등이 따뜻했다.

아버진 항상 그러셨다
가난한 살림이지만
우리가 원하는 걸 조용히 채워 주셨다.

스위치 하나로 훈기가 돌고
꼭 닫힌 창문 사이로

바람 한 점 들지 않는
동지섣달 기나긴 밤

사무치게 그리운
구들목 그 온기
슬그머니 나가시던 아버지 뒷모습.

어머니의 지팡이

짚고 다니던 지팡이가
성가셨나 보다

꽃 피는 봄날
어머닌
지팡이를 팽개치고
훨훨
하늘로 날아가셨다.

송홧가루 날리는 오월에도
드릴 수 없는
꽃 한 송이

카네이션 한 송이 대신
구름꽃 한 다발
하늬바람에 실어
당신에게 바칩니다.

보석

친정 나들이 온
딸아이

하나의
보석이

네 개의
보석으로 찾아와

거실에서 뛰놀며
반짝거리고 있다.

유유상종

"딸내미나 아빠나
우예 그리 닮았노?"

퇴근하자마자 기다렸다는 듯
푸념을 늘어놓는 아내

합리적인 생각을 가진 아내와
감성적인 딸아이 생각이
종종 부딪칠 때가 있는데
오늘 또, 딸아이가
쓸데없이 고집을 부린 모양이다.

가을 끝자락이라 그런지
바람도 쌀쌀한데
우수수 떨어지는 나뭇잎들을 바라다보니
내 마음도 헐벗은 나무처럼 허전한데
아내는
겨우살이 준비로 경황이 없다.

김장도 해야 하고
유리창에 뽁뽁이도 붙여야 하고
아빠 닮은 딸내미도 다독여야 하고…

충만함에 대하여

중학생이 된 손자가
나와 아내 사이를 헤집고 들어와
잠이 들었다

지금
침대 위는
비좁은 게 아니고
충만함으로
가득 찬 것이다

묵언수행

몇 날 며칠
누군가를
입에 올리는 걸 보니
그 사람이
아내 마음을 상하게 한 모양이다

이럴 땐
그냥 하소연을 들어주면 되는데
지혜롭지 못한 나는
자꾸만
집사람의 시시비비에 기웃거린다.

낭분긴
묵언수행에 들어야겠다.

3부

주름 울타리

시간이 달린다

달이 달린다.

밤늦은 시간, 버스 차창에 기대어
밤하늘을 올려다보니
달도 나를 따라오다가
사라졌다가
또 나타났다가
숨바꼭질하듯 장난질을 한다.

오랜만에 만나 보는 옛친구들
누구는
목이 터져라 노래부르고
또 다른 친구는
차 바닥이 꺼져라, 발을 구른다.

이렇게 또 가을이 깊어 간다.
이렇게 또 시간이
우리를 데리고 달려간다.

치매

그녀가 사는 집
그곳 시계는 멈추었다가
시간을 거슬러 오르고 있다

색 바랜 벽지
금방이라도 떨어질 것 같은 전등
해진 장판
빗살무늬 같은 일그러진 가구

한때 그녀는
도자기를 빚는 도공
백자처럼 단아하고 기품 있는 여인이었다

어느 날 불쑥 찾아온 치매
백자를 머리에 이고
청자를 가슴에 안고

그녀는

세상을 외면한 채
면벽수행 중이다.

착각

마당에 어슬렁거리는
낯선 고양이 한 마리
땟국물이 줄줄 흐르는 게
누가 봐도 길고양이다.

측은한 마음에 끼니를 챙겨 주니
자기 집인 양
떠날 생각을 하지 않는다.

그가 보여준 다정함은
사랑이 아니었다.

인연 고리

돌고 돌아
결국엔 함께하는구나

서로가 서로에게 상처를 주고
외면하고
그렇게 살다가

거대한 인연 고리 속에
다시 만나
서로가 서로에게 선물이 되었구나

끊어진 인연 줄 몇 가닥
아픈 상처 어루만지며
다시 잡은 두 손

질기고 질긴 게 인연

부디 잘 사시게나

지니

나를 보더니
그가 싱긋 웃는다
가끔은 서운하다가도
저렇게 웃어 버리면
도대체 화를 낼 수가 없다

그의 웃음에
한동안 나는 또
착한 사람인 척
살아가야 한다.

그에게는
관능적인 아로마 향기가 난다.
눈앞에서 일렁일 때마다
주술에 걸린 사람처럼
어떠한 저항도 할 수가 없다.

아직도

그에게 난
램프의 요정 지니다.

욕심 그릇

그릇이 작아서
채우면 흘러넘쳤다

넘치는 그 무엇이 안타까워
아파하고 아쉬워한
숱한 나날들

시간이 흐른 뒤에
알았다

흘러넘친 것이 아니고
가득 차 있었다는 걸

봄바람

내의를 벗었는데도
가랑이 사이로 스미는 바람이
견딜 만하다

나목으로
혹한을 견뎌 낸 매실나무에
꽃망울이 터지기 시작하고
수다쟁이 바람
실실 수작을 거는 걸 보니
봄을 기다리는 우리가
꽃소식 접하는 건
시간문제다

겨울이
열어젔다.

가을로 가는 길목

마음이 심란해져
밤잠을 설치는데
어디선가 들려오는
귀뚜라미 노랫소리

큰대자로 누워서
길게 한숨 내쉬고
잠시 마음을 비우니
머릿속, 어지럽던 생각들
귀뚜리 노래를 따라 사라진다

기승부리던 한더위도
슬그머니 떠날 채비를 하고

가을이 저만치
여름 골목 모퉁이에서
기웃거리고 있다

2019년 겨울

강물에 반짝이며 튕기는 햇살
한 번 굴절된 빛이지만 눈이 부시고
강기슭에는
밤새 얼어붙었던 얼음이
아무도 모르게 사라진다.

겨울은 끝나가지만
언제 끝날지 모르는 전염병이
우리의 일상을 무너트리고 있다

강물 위를 떠다니는
기러기, 청둥오리 겨울철새들
깃털을 부딪치면서
겨울 한파를 즐기는데

마음 약한 사람들만
왜가리처럼 따로따로 서서
늦추위를 견뎌내고 있다.

주름 울타리

인적이 드문 강둑에
집이라고는 한 채밖에 없는
허름한 그곳으로
S가 이사를 오던 날
어린 우리들은
저렇게 후미진 집에서
아버지도 없이 살아가야 하는
S를 불쌍하게 여겼는데

동네 아줌마들은
여우 같은 과부가
동네 남정네들 주머니를
다 털어 간다고 쑥덕거렸다.

세월이 흐른 뒤
노모를 모시고 식사하는
S 가족을 보았다.

깊이 패인 노모의 주름살은
아마도 모진 세파 속에서
비바람과 맞선 채 자식을 품어주던
S의 따뜻한 울타리였으리라.

절규

그녀는 우리들의 디바였다.
허스키한 목소리로 사랑과 이별을 노래하던
우리들의 디바였다.

몰라보게 변한 모습으로
무대에 선 그녀
더 이상 그녀는 기억 속 디바가 아니었다.

온 국민이 따라 하던 노랫말
하늘을 찌르는 경쾌한 몸짓이
오늘 밤에는 처절한 절규 같다.

한때 우리들의 디바,
그녀는
흐르는 세월 속에
우리들의 밤열차를 놓치고
자신을 놓아 버렸나 보다.

—TV에 출연한 가수 이은하를 보며

봉하마을

깊어 가는 가을날
봉하마을을 찾았다.
당신 떠나신 지 어언 십수 년
당신을 그리는 추모 행렬은
아직도 이어지는데
산어귀 장군차꽃
아쉬움, 가득 안고 떨어집니다.

울타리 동여맨
부엉이바위에 올라
무엇이 당신을
그리도 아프게 하였는지
당신이 꿈꾸던 세상은
어떤 것이었는지
다시 한 번 헤아려 봅니다.

청와대에 부는 바람

경복궁을 흉내냈지만
딱딱한 시멘트 기둥
차가운 금속 문이
사람을 긴장시킨다.

그냥 겉멋만 잔뜩 낸
거대한 청와대
경내에 심어진 나무들이
그나마
실망감을 덜어준다.

이곳의 주인이 되려고 자행한
무자비한 이전투구
억울하게 희생된 민중들과
민주 열사들

특별함이
보편적으로 바뀌는 시대에

청와대를 본다.

초여름 바람이
아직 차게 느껴진다.

행복지수

대통령 노무현의 삶이

인권 변호사 노무현의 삶보다

행복했을까?

초대 교황 베드로의 삶이

갈릴리 호수에서 고기를 잡던

어부 시몬의 삶보다

행복했을까?

지금, 여기

찔레꽃 향기 그윽한

오월의 오솔길

푸른 하늘 흰구름은 두둥실 떠가는데

하소연

어쩌다 한 번
죽이 맞는 사람끼리 의기투합해서
세상 돌아가는 이야기도 좀 하고
쓸데없는 이야기도 주고받으며
막걸리 한잔 마시다 보면
술에 취하고
사람에 취해
귀가 시간이 늦어지는데
약삭빠르지 못한 나는
혼쭐이 날 때가 있다.

어떤 놈은
온갖 못된 짓 다 하면서도
아무 탈 없이 잘만 사는데
나쁜 짓 안 하고 열심히 살면서도
융통성이 모자라 푸대접을 받는 게
조금은 억울하다.

하기야
세상은
어차피 불공평한데 뭘,

회천 런웨이

초여름 밤
어둠이 장막을 드리우고
회천 출렁다리에 조명이 켜진다.

회천을 가로지른 런웨이

대가야를 대표하는 모델들이
옷매무새를 가다듬으며 심호흡하고 있다
우아한 드레스를 걸치고
무대에 오르는 정견모주
관객들 함성이 우레와 같다.
뒤를 이어 고분군 왕족과 귀족들
화려한 치장을 하고 워킹을 하는데
따라온 노복들은
원망스러운 눈빛으로 그들을 쏘아본다.

극장 안 조명이 꺼지고
애절한 가락 울려 퍼지며

가야금을 든 우륵이 천천히 입장한다.
밤하늘 별들, 하나둘 빛나기 시작하고
초승달은 일어나 환호성을 지른다.
걸음을 멈춘 우륵
회천 런웨이에 주저앉아
가야금을 연주하고
회천 출렁다리 아래 흐르는 강물도
가락에 겨워 더덩실 춤을 춘다.

명상과 망상

언제부터인가
초저녁잠이 많아졌다

푹 자고 일어났는데도
아직 한밤중이다

이불 속 세계는
수행하는 도량이었다가
감옥으로 바뀌고
해답이 보이다가도
망상이 난무하는 아수라장이다

가르침을 얻고자
책상 앞에 앉으면
책꽂이에 사장된
수많은 지혜서智慧書들

명상과 망상

그 언저리쯤에서
오늘 밤도 서성거린다.

현수막 미소

—고령군 지산리 대고분
유네스코 문화유산 등재를 축하합니다—
각종 단체에서
얼굴도장 찍느라고
곳곳에 걸어둔 현수막들

고분군에 묻힌 대가야국 귀족들
살아서 누리던 부귀영화
죽어서도 누리던가요

지나는 가을바람이 하는 질문에
수많은 현수막
고개를 가로저으며
그냥 펄럭이며 웃는다

4부

금산재 풍문

금산재* 풍문

도대체
지난밤 금산재에서
뭔 일이 벌어진 걸까.

밤사이
무슨 짓을 하였기에
해가 중천인데도
구름 이불 어지러이 널려 있고
구름바다 위 산꼭대기
우뚝 솟아 있는 걸까.

물안개 야릇한
회천**변 코스모스
수줍어 수줍어서
발그레 볼만 붉힌다.

* 경북 고령군에 있는 재
** 경북 고령군을 지나가는 하천

방파제 버스킹

칠흑 같은 밤바다
그래서 더 빛이 나는 별들
바닷바람 거세게 불어오고
테트라포드에서 부서지는 파도의 파편들이
허공에서 흩어지면서
조명처럼 반짝거린다.

술에 취하고
밤바다에 취한 남자
오! 솔레미오를 목청껏 부르는데
철썩이는 파도 소리
윙윙대는 바람 소리와 어울려
기묘한 합주곡으로 연주된다.

가을 하늘을 밝혀주는 뭇별들
흩날리는 포말들
지나는 바람마저
흥미로운 듯

하나둘씩 방파제로 모여든다.

벽

겨울밤
벽 밖의 어둠은
동장군과 연합해
점령군처럼 기세등등하고

벽 안은
해와 같은 전등이 요새를 밝히고
바닥엔 훈기가 넘쳐흐른다.

벽 안은
연화장세계

벽 밖은
사바세계

언제쯤
저 벽에
미닫이문
하나 생기려나.

제행무상

역대급 장맛비, 물 폭탄,
숨막히는 더위, 잦은 태풍으로
온갖 행패 다 부려 놓고
깨끗한 햇살 푸르른 하늘을
적선하듯 남겨둔 채
여름이 떠나갔다.

우왕좌왕하다 보니
계절이 바뀌었다.

며칠을 속썩이던 그가
"미안해" 하며 배시시 웃는다.

섭섭한, 원망이
기울어진 가로수
떨어진 나뭇잎 되어
갈바람에 흩어진다.

입동 즈음

가을비 내리는
11월 늦은 밤
비에 젖은 단풍잎
이별을 준비하는데

서울에 있는 Y
돈을 빌려 주지 않는
부자 친구가 야속하다고
전화기 너머로
서러움을 토로하는데
Y 목소리가
질퍽하니 젖어 있다

창문 너머
길고양이 한 마리
아쉬움을 짊어지고
겨울 길로 걸어간다.

일몰

해 질 녘,
서녘 하늘에 번지는
야릇한 분위기

황홀경에
몸이 달아오른 서산 골짜기

서서히
스며드는 태양

어스름은
먹빛 이불자락을 끌어당기며
밤꽃 핀 골짜기에서
밀회를 나눈다.

소심증

자전거를 타고
학교 옆을 지나가는데
푸드덕
비둘기 한 마리가 날개를 친다.

깜짝 놀라 위를 쳐다보니
남겨진 비둘기
원망스러운 눈빛으로 나를 노려본다.

낌새를 보아하니
둘이 사랑을 나누다가
나 때문에 판이 깨진 모양이다.

내가 뭐
일부러 그런 것도 아니고
우연히 그때 그곳을 지나갔을 뿐인데
미안해할 필요도 없고
죄책감을 느낄 만한 아무런 이유도 없지만

혼자 우두커니 앉아 있는 비둘기를 보니
괜스레 미안하다.

슬그머니 페달을 힘주어 밟는다.

인생 백신

하필이면
가장 초라할 때
그와 맞닥뜨렸다
그것도
비좁은 버스 안에서

창백하고 후줄근한
나를
그는 우아하게 외면했다

날 모멸하듯 바라보던
그의 눈빛

인생 백신이 되었다.

유혹

어쩌다 보니
서산에 걸린 조각구름도
놀빛에 물들며 함께 달아오른다.

주홍빛 원피스
발그레한 볼 터치
빨간 입술

오늘 밤
어느 곳으로 데려가
광란의 밤을 즐기려는지

석양빛이 또
실레발치고 있다.

미로

또, 너의
미로 속으로 들어와 버렸다

쉬이
빠져나가긴 글렀다

금단의 구역

미로 속
사랑은

위태롭고

아프고도

짜릿하다.

목소리

바람결에 실려 오는
그의 목소리
태연한 척하지만

그의 목소리도
나의 목소리도
파르라니 떨고 있었다.

세찬 바람결에
나뭇잎들은 흔들리고

가슴 깊숙이 묻어 두었던 그리움은
안개꽃처럼 피어오르는데

겨울을 기다리는 미루나무 한 그루
허허벌판에 홀로 서 있다.

도긴개긴

스무 해가 넘도록
나를 속박했던
그 무엇,

바람결에
훌훌
털어 버려도
아쉬운 이 내 마음은
달랠 길이 없어라.

깨끗이 비워 낸 마음자리는
허전함이 크건만
슬금슬금 다가오는
또 다른
그 무엇,

아서라, 말아라
그놈이 그놈이다.

관계

서민 횟집 수족관
광어, 우럭, 참돔…
사람들은 이들을 횟감이라고 부른다.

재수 없게 그물에 걸린 놈
애초에 식용으로 양식된 놈들이
관 속 같은 수족관에서
자신을 해체할
주방장의 처분만 기다린다.

살다 보면
우리들도
누군가의 처분만 바랄 때가 있다.

겨울 나비

동짓날
일몰 직전
흰구름 한 무리

나비로 환생하더니
하늘을 날고 있다

올겨울 들어서 가장 춥다는
오늘

마음속은
벌써
봄날을 품는다.

강변 풍경

소낙비 내리는 날
우산 속을 울리는 기타 소리
록 스피릿을 느끼며 강둑을 걸으면
살면서 쌓인 욕망
척박한 생각들이
강물로 흘러간다.

강가 여뀌 무리
물살이 덮쳐 오자
두 다리 쩍 벌리고
벌러덩 자빠지는데

음흉한 강물
거칠게 달려들고

강은 점점 더 몸집을 키운다.

가을 풍경

은행잎
가을빛으로 물들어가는 시월

이번 계절이
마지막인 것을 예감한 은행잎

노랑 립스틱
짙게 바르고

쓸쓸한 바람,
외로운 햇살을 향해

수작을 걸고 있다

도로아미타불

시간이 흐르면서
악몽 같던 상황이
수습되기 시작했다
상처가 치유될 수 있었던 것도
시간이 흐르면서였고
그를 이해할 수 있는 관용도
시간이 준 선물이다.

구차하다고 생각했던 삶을
꽤 괜찮게 살 수 있게 해준 것도
시간이 흐르면서였다.

아무런 대책도 없이
그와 마주쳤다
모든 상황이
원위치하는 데 걸린 시간은
3초면 충분했다

통증

은근슬쩍 찾아온 통증
통증은 몸이 보내는 구조 신호,
“주인님,
제발 저 좀 추슬러 주세요.
그렇지 않으면 탈이 납니다.”

과부하가 걸렸는지
잦아지는 경고음

아직까진 쉴 수가 없는데
조금 더 일해야만 하는데

한의사가 놓아주는 침
후끈후끈한 파스에 의존해서라도
견뎌야만 한다.

누군가를 사랑하면
동반되는 책임과 의무

통증도 부담 섞인 축복이다

해설

잠언箴言 같은, 아련한 지난 시절의 연가

김경호(시인)

늦은 밤이다. 비가 내리는 늦은 밤이다. 잠이 드는 시간을 놓쳐서 쉬이 잠이 오지 않는다. 거실에 나가 먼지 속에 오래 잠자고 있던 커버마저 빛바랜 레코드를 꺼낸다. 레코드만큼 낡은 턴테이블에 얹고, 오래된 음악을 불러낸다. 지지직거리는 소음 속에서도 사십 년이 넘은 레코드는 잊지 않고 지난 시절의 노래를 잔잔하게 들려준다. 이런 노래들은 시간을 거슬러 오십 년 전의 세계로 듣는 이를 인도한다. 그때는 유신 시대, 모든 것들이 외롭고 불안하고 쓸쓸하던 시절이었다. 전주에서 울리는 트레몰로 기법의 기타 연주가 인상적인 이 노래. "내 마음속에 쓰라린 고통의 강이 흘러요 / 상처에서 나온 핏물의 강이 / 하지만 내 마음이 더 쓰라린 건 / 나를 아직도 아프게 하는 당신의 입맞춤입니다"라는 뜻의 가사다.

이태리 칸소네 가수 '이바 자니키(Iva Zanicchi)'의 '쓸쓸한 강(Un Fiume Amaro)'이라는 노래의 도입부가 이런 뜻으로 시작한다는 것을 알게 된 것은 많은 시간이 흐른 뒤였다. 노랫말도 검열을 받던 그 시대. 이국적인 리듬과 약간 탁한 듯한 애절함마저 느껴지는 외국 여가수의 목소리, 이 '뜻 모를 쓸쓸함' 때문에 그 시절, 젊은 나와 우리들은 이런 노래에 더 끌렸는지도 모른다.

격동의 시절을 건너온 한 시인의 거친 손바닥, 그 지문에는 어떤 상처와 무늬가 새겨져 있을까. 새로운 시집을 읽어내는 일은 한편으로는 설레고, 때로는 고통스러운 일이기도 하다. 시인이 겪어 왔던 마음의 행로를 따라 턴테이블의 바늘이 소리의 골짜기인 레코드의 홈을 따라가듯 먼 길을 나선다.

곽호영 시인의 「흐린내 연가」를 읽는다.

돌담 담벼락에
햇볕이 내리쬐면
하나둘 모여들던 불알친구들
경수, 장수, 곰이…

연날리기하던 우영이는
연줄 끊어지듯 하늘로 날아갔고

썰매 잘 지치던 영구는
먼 산 흙으로 스몄다.

잃어버린 하천에
씁쓸한 추억이 흐르고
무너질 성벽 같은 아파트에
매운바람 몰아친다.

＊대구광역시 달서구 유천동의 옛 지명

—「흐린내* 연가」 전문

‘흐린내’라는 지명마저도 이젠 기억에서 ‘흐려진’ 지금. 매운바람 몰아치는 빌딩과 아파트 숲으로 변해 버린 고향땅을 바라보며, 시인은 옛 추억을 떠올린다. 마땅한 놀이터가 없어 그저 햇볕 잘 드는 양지쪽에 바람 피하며 모여 놀던 코흘리개 어린 친구들. “연날리기하던 우영이는” 연을 따라 먼저 하늘로 갔고, “썰매 잘 지치던 영구는 / 먼 산 흙으로 스”민 소식만 듣고 있다. 지금을 살아가는 우리들이 ‘잃어버린 것들’은 ‘흐린내’라는 하천만이 아니라 우리들의 어린 시절 소식조차 모르는 친구들, 이름조차 희미해진 옛 골목과 지명들이다. 그렇게 우리는 그 시절을 출발하여 세상 풍파를 헤치고, 나이 들고, 머리가 희끗해졌다.

변해 버린 옛 고향을 바라보는 시인의 '아련한 어린 시절의 추억'이 그리움과 회한으로 남아 잔잔한 여운이 남는다. 어려운 수사나 불가해한 은유가 없이 곽호영의 시는 우리에게 편안하게 다가온다.

'혼잣말 하듯이 툭' 그렇게 던지는 비교적 짧은 길이의 이 시집 속의 많은 시편들이 독자들에게 의외의 감동과 울림으로 다가오는 것은 곽호영 시인만 가진 시편들의 미덕이자 장점이다. 아래의 시편을 보자.

세상 모든 시선을 빨아들이던
곱디고운 단풍이
하룻밤 찬 서리에 메말라
지나가는 바람결에도 바스락거린다.

부지불식간 일어난 일이다.

사랑이 그렇더라.

청춘이 그렇더라.

—「청춘」 전문

"흐린내"에서 잃어버린 것들에 대한 '상실감과 쓸쓸함'이었다면, 이 시에서는 그 모든 시간들도 '청춘'도 '사랑'도 "부지불식간 일어난 일"임을 시인은 순명으로 받아들이고 있다. 가을날, 현란하고 눈부신 단풍잎이 찬 서리 내리고 난 어느 날 아침, "지나가는 바람결에도 바스락거"리는 일처럼 거역할 수 없는 세월 앞에서 속수무책, '거대한 변화의 소용돌이 속'임을 시인은 깨닫고 있다. 영원히 변하지 않을 것 같던 사랑도, 청춘도 돌아보니 마찬가지였던 것이다.

그러나 시인은 일생을 돌아보면, 살아오면서 '상실'과 '쓸쓸함'만이 있었던 것은 아니다. 전문을 읽고 나면 빙그레 미소 짓게 하는 다음 시를 보자.

서문시장 어귀
새한다방
어둑한 조명 아래
보라색 코트를 입고
쭈뼛거리던 여인

그녀를 만나기 전
항상 궁금했었다.

내 반쪽은
어떤 사람일까?

부모님과 함께 살아야 하니까
성격은 밝아야 하는데

계란형 얼굴에
몸매는 좀 날씬했으면…

나는 지금
그녀와 살고 있다.

—「횡재했다」 전문

"새한다방" 이제는 대부분 사라져 명맥만 겨우 유지하는 다방이라는 만남의 장소에서 처음 그녀와 '맞선' 보던 날. 시인이 마음으로만 상상하던 '나의 반쪽'을 만나게 된 일을 "횡재했다"고 한다. 시인의 바람대로 '횡재橫財(뜻밖에 만난 재물)'처럼 인생의 후반전은 '횡재한 인생'을 살고 있다고 자부하고 있다. "그녀와 살고 있"는 지금은 그녀의 눈치를 살피고 그녀의 시선에서 벗어나지 않도록 조심조심 행동하는 것 같은 시인의 시편들 중에서 다음의 시는 '아내를 향한 처세술의 백미'를 보여주고 있어 읽는 이에게 웃음을 선사하고 있다.

오늘 밤에 비가 올지도 모르니
자전거를 창고에 넣어 두라 하기에

그렇게 하고

손 씻고 저녁 먹고 나니
일곱 시가 넘었다.
재미있게 프로 야구 중계를 보는데
연속극을 보자고 해서
또 그렇게 하고

채널을 살짝살짝 돌려가며
연속극도 보고
야구 중계도 보았다.

요즘은
아내랑 다툴 일이 별로 없다.

—「해탈」전문

전업 주부들은 빨래를 위해서 날씨에 대해서 세심하고, 집에서는 대부분 티브이 채널의 주도권을 쥐고 있다. "오늘 밤에 비가 올지도 모르니" 시키는 대로 "그렇게 하고", 연속극보다 프로 야구 중계가 좋지만 참고 양보하니 편안하다. 그래도 야구의 승부가 너무 궁금해 "채널을 살짝살짝 돌려가며" 눈치껏 티브이를 함께 시청하는 남편의 모습이 눈에 선하게 그려져 웃음을 참을 수 없는 장면을 시인은 천연덕스럽게 아무렇지도 않다는 듯 이야기하고 있다.

그러나 세상사 살다 보면 어찌 남편이라고 완전무결할 수 있겠는가. 시인으로서 감성적으로 살아온 그도 한 번씩 아내와 의견 차이가 없을 수는 없는 일. 잠시 토라져 돌아누워 먼저 잠든 아내를 위한 화해의 비법을 전수하는 시인의 다음 시를 보자.

한밤중
잠자는 그녀 손을
살며시 잡아 본다

따뜻하게 전해지는 그녀의 온기

알 수 없는 안타까움에
울컥,
서러움이 북받치는데

향기로운 장미 한 송이 전해 주듯
내 손을 꼬옥 잡아 주는 그녀

아내도
잠을 이루지 못한 모양이다

—「화해」 전문

작은 다툼은 있었지만 남편으로서 뭐라고 먼저 말하기도 그렇고 하여 잠시 어색한 잠자리에서, 화자는 미안하고 애잔한 마음에 두근거리는 가슴을 억누르며 살며시 잠든 아내의 손을 잡아 본다. '뿌리치면 어쩌나' 조바심하던 마음도 잠시 "향기로운 장미 한 송이 전해 주듯 / 내 손을 꼬옥 잡아 주는 그녀"도 사실은 심란한 마음에 "잠을 이루지 못한 모양"이었다. 마음과 마음이 이어지는 부부의 따뜻한 손길에 읽는 이의 마음도 훈훈한 온기를 느낄 수 있는 아름다운 모습이다. 그 외에도 시인 부부의 따뜻한 정을 느낄 수 있는 「사랑 나무, 연리근」, 「방충망」, 「철부지 남편」, 「봄밤」 등 아름다운 에피소드가 담긴 시편이 눈에 띈다.

세상사 부대끼며 직장과 사회생활에서 남과 비교하면서 우리들은 더 작아질 때가 있다. 자본주의는 더 많이 생산하고, 대량 소비를 부추기며 '승자 독식'의 시대를 우리는 살고 있지만 세상에는 가진 부가 전부가 아니라는 것을 짧은 시 한 편으로 시인은 우리에게 경종을 울리고 있다. '행복과 만족'이 결코 먼 곳에 있는 것이 아니고, 지금 가진 것에서 느끼는 크나큰 행복을 시인은 지금 한껏 누리고 있어 충만하고 행복하다.

중학생이 된 손자가
나와 아내 사이를 헤집고 들어와
잠이 들었다

지금
침대 위는
비좁은 게 아니고
충만함으로
가득 찬 것이다

—「충만함에 대하여」 전문

이 시는 전체 2연, 붙여서 쓰면 두 줄밖에 되지 않는 시다. 덜 수도 뺄 수도 없는 짧은 시가 지금 이 시대를 살아가는 현대인들에게 잔잔한 감동으로 다가오는 것이다. 어느덧 덩치가 커져 버린 “중학생이 된 손자가” 할아버지 부부의 침대에 끼어 들어와 장난치다 잠든 모습에서 시인은 ‘비좁은 것’을 보지 않고, “충만함으로 / 가득 찬 것”을 발견해 내고 미소 짓는 것은, 곽호영 시인만이 가진 진정한 아름다운 서정이다.

친정 나들이 온
딸아이

하나의
보석이

네 개의
보석으로 찾아와

거실에서 뛰놀며
반짝거리고 있다.

—「보석」 전문

위의 시에서도 애지중지 키워 결혼한 딸이 사위와 외손자들을 데려와 집 안에서 즐겁게 노는 모습을 "보석"으로 간명하게 은유하였다. 곽호영 시인의 스타일로 쓴 짧은 시지만 읽는 이에게 잔잔한 물결처럼 가슴으로 전해져 오는 울림이 너무 정겹고, 따뜻하다.

아래의 시는 시적인 관점이 개인의 내부적인 시선에서 외부의 이웃으로 확산되는 시점의 변화를 보이고 있다.

오래 방치된 빈집

국수 공장에서
기숙사로 쓰려고

집수리를 의뢰하기에
현관문을 열어 보니

주방 한구석에
날개를 오므린 채 죽어 있는
새 두 마리

전에 살던 사람이
새들이 들어온 줄 모르고
문을 잠그고 이사를 했나 보다

먼 곳에서 온
외국인 노동자 부부
이 집을 수리해서
보금자리를 꾸민다는데

이젠 빈 둥지가 훈훈한 온기로 넘치기를
무탈하게 잘 사시기를
금의환향하시기를

—「둥지」 전문

곽호영 시인의 직업 전선에서 만난 "오래 방치된 빈집"에 관한 시이다. 집수리를 하러 갔다가 만난 "주방 한구석에 /

날개를 오므린 채 죽어 있는 / 새 두 마리"를 보고 안타까운 생각에 잠긴다. 저 먼 열대 지방에서 머나먼 타국인 한국 땅에 생계를 위하여 일하고 있는 외국인 부부를 대비하고 있다. 방치된 '주방 한구석에 죽어 있는 새 한 쌍'과 허름하지만 수리하는 집에 들어와 살아야 할 '외국인 근로자' 부부. 낯모르는 외국인 부부지만 열심히 일하면서 "이젠 빈 둥지가 훈훈한 온기로 넘치기를 / 무탈하게 잘 사시기를 / 금의환향하시기를" 빌어 보는 따뜻한 마음으로 시인은 독자를 감동시키고 있다. 이런 시 한 편에서 무슨 어려운 수사修辭와 현학적인 메타포가 필요할 것인가. 이런 서정적인 표현법은 곽호영 시인만이 가질 수 있는 독창적인 스타일이고 장점으로 보인다.

우리 소외된 이웃과 심지어 자연을 향한 연민의 시편은 또 다른 시 「주름 울타리」, 「감나무에게 미안하다」, 「소심증」 등 여러 시편에서 나타난다.

화개장터 안
티브이에 맛집으로 소개된 식당
산나물이랑 밑반찬이 정갈하고
재첩국과 비빔밥이 아주 맛있다

손님으로 한창 붐빌 점심시간인데

넓은 홀에 사람이라곤 우리뿐이다

코로나19가 초래한 슬픈 상황이지만
인상 좋은 주인 내외는
그저 싱글벙글

화엄사 대웅전에서 본
부처님과 보살이
여기 계신다.

—「부처님 미소」 전문

전 세계를 휩쓴 '코로나19' 사태는 특히 중소 자영업자들에게 직격탄으로 큰 고통을 안겨 주었다. 그 시기에 화엄사를 여행하고 난 시인 부부가 들른 화개장터의 식당. 온 세상이 시무룩한 시대에 그 집 식당 부부는 식당에 손님이 한 좌석뿐인 현실 앞에서도 웃고 있는 상황을 "코로나19가 초래한 슬픈 상황이지만 / 인상 좋은 주인 내외는 / 그저 싱글벙글 // 화엄사 대웅전에서 본 / 부처님과 보살이 / 여기 계신다." 라고 노래하고 있다. 이런 서정은 바라보는 시인이 부처님이고, 식당 주인이 부처님이 아닌가.

그릇이 작아서

채우면 흘러넘쳤다

넘치는 그 무엇이 안타까워
아파하고 아쉬워한
숱한 나날들

시간이 흐른 뒤에
알았다

흘러넘친 것이 아니고
가득 차 있었다는 걸

—「욕심 그릇」 전문

시인은 살아오는 가혹한 삶에서 때로는 상처받고 절망하지만, 거기에 머무르지 않고 고통을 뛰어넘어 달관의 자세를 견지한다. '그릇'이 작은 줄 알고 "넘치는 그 무엇이 안타까워"하던 삶을 겪고 난 시인은 '더 큰 그릇'보다는 자족할 줄 아는 삶, 우리 인생은 부족한 것이 아니라 "가득 차 있었다는 걸" 세월이 흐른 뒤에 깨달으며 한 편의 '잠언 같은 시편'으로 노래하고 있다.

시인의 자서에서도 밝혔듯이, 늘 시에 대하여 겸손한 곽호영 시인의 시는 현란한 수사로 독자를 혼란시키지 않고, 편안

하고 쉽게 읽힌다. 사람 좋은, 그래서 언제나 푸근한 그의 미소처럼, 조금은 느릿하게 바로 옆에서 웅얼거리는 것처럼 목소리를 높이지도 않는다. 그러나 시인이 깊은 사유에서 말하는, 그리하여 우리에게 한마디 잠언처럼 전하는 서정의 메시지는 평범하게 들리지만 결코 가볍지 않다.

이 글을 쓰면서 시인의 어린 시절을 회상하던 "흐린내"가 궁금하여 시인과 함께 "흐린내"를 찾았다. 아직도 "흐린내"는 '흐리지 않고, 아파트가 무성한 동네'를 유유히 가로질러 흐르고, 동네 주민들의 산책 코스로도 잘 가꾸어져 있어서 반가웠다.

이제 우리들의 시대와 우리들은 조금 낡고 늙었지만, 그것은 또한 한편으로 낡은 레코드처럼 푸근하고 정겨운 것이기도 하다. 문득 정겨움을 만나는 이 순간이 한 시인의 시집을 공들여 읽어야 하는 이유이기도 하다. 곽호영 시인의, 시를 향한 한결같이 정직하고 소박한 열정이 믿음직하다. 오랜만에 묶어내는 시집 『흐린내 연가』가 독자들의 사랑을 듬뿍 받기를 희망하며 언제일지 알 수는 없지만, 다음에 나올 시집을 기대하며 크게 응원하고 싶다.

시하늘시인선 09

곽호영 시집
흐린내 연가

초판 1쇄 발행 2024년 6월 28일

지은이 곽호영
펴낸이 이은재
펴낸곳 도서출판 그루

출판등록 1983. 3. 26(제1-61호)
42452 대구광역시 남구 큰골 3길 30
TEL 053-253-7872 / FAX 053-257-7884
E-mail / guroo@guroo.co.kr

값10,000원
ISBN 978-89-8069-504-1